Gift from the Bible 聖書からの贈りもの

なぐさめの詩《うた》

悲しむ者は幸いです。
その人たちは慰められるから。

あなたのみことばは、私の足のともしび、
私の道の光です。

詩篇一一九篇一〇五節

私はひどく悩んでいます。
主《しゅ》よ。みことばのとおりに
私を生かしてください。

詩篇一一九篇一〇七節

わたしの恵みは、
あなたに十分である。
というのは、わたしの力は、
弱さのうちに完全に
現れるからである。

コリント人への手紙Ⅱ　一二章九節

主は私の羊飼い。
私は、乏《とぼ》しいことがありません。
主は私を緑の牧場《まきば》に伏させ、
いこいの水のほとりに伴われます。
主は私のたましいを生き返らせ、
御名のために、私を義の道に導かれます。
たとい、死の陰の谷を歩くことがあっても、
私はわざわいを恐れません。
あなたが私とともにおられますから。

詩篇二三篇一—四節

主よ。深い淵から、私はあなたを呼び求めます。
主よ。私の声を聞いてください。
私の願いの声に耳を傾けてください。

詩篇 一三〇篇一、二節

私の目から涙が川のように流れ、
私の目は絶えず涙を流して、やむことなく、
主が天から見おろして、顧みてくださる時まで続く。

哀歌　三章四八―五〇節

私は昔の日々を思い出し、
あなたのなさったすべてのことに思いを巡らし、
あなたの御手のわざを静かに考えています。

詩篇 一四三篇五節

光はやみの中に輝いている。
やみはこれに打ち勝たなかった。

ヨハネの福音書 一章五節

彼らが苦しむときには、いつも主も苦しみ、
ご自身の使いが彼らを救った。
その愛とあわれみによって主は彼らを贖《あがな》い、
昔からずっと、彼らを背負い、
抱いて来られた。

イザヤ書　六三章九節

まことに、あなたは私のたましいを死から、
私の目を涙から、
私の足をつまずきから、救い出されました。

詩篇一一六篇八節

あなたがたの会った試練はみな人の知らないもので
はありません。神は真実な方ですから、
あなたがたを、耐えられないほどの試練に
会わせることはなさいません。
むしろ、耐えられるように、試練とともに
脱出の道も備えてくださいます。

コリント人への手紙Ⅰ　一〇章一三節

いつまでも残るものは信仰と希望と愛です。
その中で一番すぐれているものは愛です。
コリント人への手紙Ⅰ　一三章一三節

たとい私たちの外なる人は衰えても、
内なる人は日々新たにされています。

コリント人への手紙Ⅱ　四章一六節

私たちは、見えるものにではなく、
見えないものにこそ目を留めます。
見えるものは一時的であり、
見えないものはいつまでも続くからです。

コリント人への手紙Ⅱ　四章一八節

神ご自身が彼らとともにおられて、
彼らの目の涙をすっかりぬぐい取ってくださる。
もはや死もなく、悲しみ、叫び、苦しみもない。
なぜなら、以前のものが、
もはや過ぎ去ったからである。

ヨハネの黙示録　二一章三、四節

聖書は時代を超え、
生きる望みを人々に示してきました。
自然界に描かれた創造の美と、
いのちのことばを贈ります。

なぐさめの詩

2015年4月25日 発行
2024年12月10日 7刷

写真 おちあい まちこ

印刷製本 株式会社サンニチ印刷

発行 いのちのことば社
164-0001 東京都中野区中野2-1-5
Tel.03-5341-6922（編集）
Tel.03-5341-6920（営業）
Fax.03-5341-6921
e-mail:support@wlpm.or.jp
http://www.wlpm.or.jp/

Printed in Japan
乱丁落丁はお取り替えします
ISBN978-4-264-03344-8